Guardami sbocciare quando faccio nuove amicizie

Una storia per bambini con autismo su come gestire le emozioni, praticare le capacità relazionali e sviluppare legami significativi

Scritto da Grace Ledden, LM, Analista del comportamento abilitata
Illustrato da CyAn Platas

Edizione in brossura ISBN: 978-1-962410-18-2
Edizione digitale ISBN: 978-1-962410-19-9

Pubblicato da Daily Bloom LLC - Tennessee, Stati Uniti

www.mydailybloom.com

A tutte le famiglie che percorrono il cammino unico dell'autismo.

Questo libro è dedicato a voi, come riconoscimento del viaggio che intraprendete ogni giorno. Possa esso servire come piccolo promemoria del fatto che siete viste, amate e che non siete sole. Brindiamo alle vite straordinarie che conducete e alle storie che continuate a scrivere ogni giorno.

Questo libro appartiene a

_____

Ciao, mi chiamo Olivia. Ho cinque anni e mi piace leggere libri sui gatti, contare tutto ciò che vedo e disegnare le bandiere del mondo.

Sono un po' diversa dagli altri ragazzi della mia età. Ho l'autismo. Questo mi rende unica, ma può anche rendermi difficile fare nuove amicizie.

Un giorno ero al parco giochi e guardavo gli altri bambini giocare e divertirsi. Volevo unirmi a loro, ma mi sentivo troppo intimidita. Ero nervosa.

Le mie mani hanno iniziato a tremare e sentivo il petto battere velocemente come un tamburo. Avevo paura ad avvicinarmi agli altri bambini. Mentre stavo seduta lì, le lacrime hanno iniziato a scendere lungo le mie guance e provavo sensazioni forti. Non sapevo che fare.

All'improvviso ho sentito un fruscio tra i cespugli e ho visto un'esplosione di luccicanti scintillii. È venuto fuori un piccolo gnomo con i capelli biondi, grandi occhi azzurri e un cappello rosso a punta.

"Ciao, Olivia", ha detto. "Mi chiamo Rosie e sono la tua Bloom Buddy".

Non sapevo che dirle. Sono rimasta sorpresa e sopraffatta. Non avevo mai incontrato un Bloom Buddy prima.

"Olivia", ha detto Rosie, notando le mie sensazioni forti. "Stai bene? Ti vedo turbata. Perché non ti unisci agli altri bambini e giochi con loro?".

"Sono troppo timida e spaventata", ho risposto. "Non so come farmi degli amici".

Rosie mi ha sorriso: "Non c'è niente di male nel provare timidezza o paura, Olivia. A volte anch'io mi sento così. Fare amicizia può impaurire, ma può anche essere divertente. So che puoi farcela e sono qui per aiutarti!".

"Quando voglio fare amicizia con altri Bloom Buddies e mi sento nervosa, immagino una bolla che mi circonda. Questa bolla mi fa sentire coraggiosa, sicura e fiduciosa! La chiamo la mia 'bolla del coraggio'. Chiudo gli occhi, immaginando di essere dentro questa grande bolla in grado di rendermi coraggiosa. Conto fino a tre e apro gli occhi. Lascia che ti faccia vedere".

Rosie ha chiuso gli occhi restando immobile per tre lunghi secondi prima di aprirli.

"La bolla fa sì che il mio nervosismo e la mia timidezza si riducano in piccoli sentimenti e mi dà coraggio". Rosie ha poi aggiunto. "A quel punto posso dirmi: 'Sono coraggiosa. Posso farcela'. Mi sento sicura nel presentarmi ad altre persone e chiedere come si chiamano".

"Funziona anche per le persone?", ho chiesto a Rosie. "Oppure funziona solo per i Bloom Buddies?".

"Funziona per tutti, Olivia! Devi solo immaginare di essere all'interno di una bolla di coraggio e poi dire 'Ciao, mi chiamo Olivia. Come ti chiami?'.
"Esercitiamoci insieme", ha detto Rosie.

Ho immaginato di essere nella mia bolla del coraggio e ho contato fino a tre, proprio come aveva fatto Rosie. Stava funzionando! Mi sentivo coraggiosa al punto da potermi presentare.

"Ciao, mi chiamo Olivia. Come ti chiami?", ho chiesto mentre la bolla del coraggio mi faceva sentire coraggiosa e forte.

"Io sono Sofia", ha risposto con un sorriso. "Vuoi saltare la corda e contare con me?".

"Sì, grazie! Saltare e contare sono ciò che preferisco fare", ho detto entusiasta.

A turno abbiamo saltato mentre l'altra contava i salti. È stato DIVERTENTE conoscere una nuova amica al parco giochi a cui piaceva contare e saltare la corda, proprio come me!

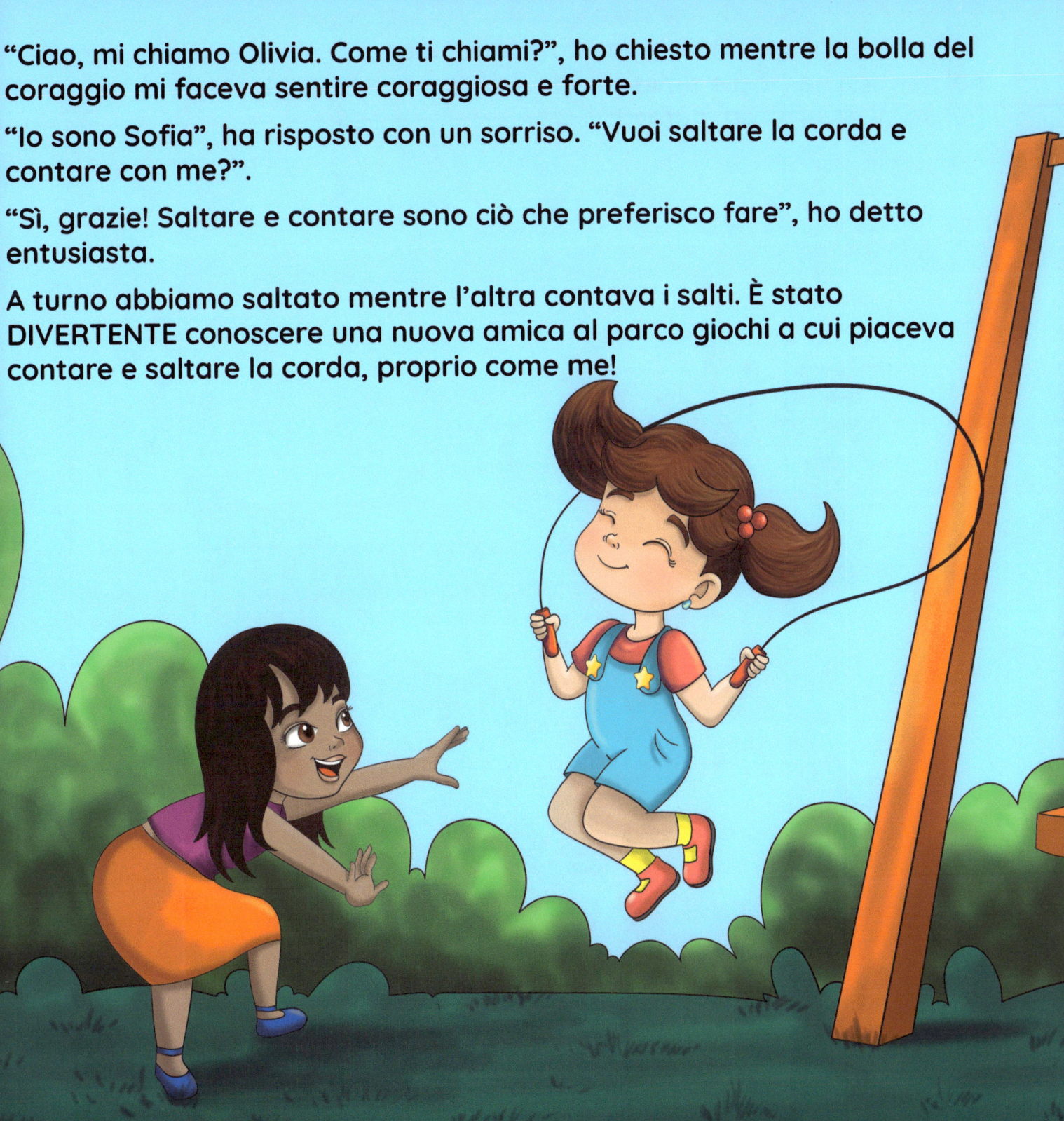

"Ottimo lavoro, Olivia", ha detto Rosie. "Ricorda: non c'è niente di male nel sentirsi nervosi e timidi. Se dovessi ancora avere bisogno di me, pensami e verrò ad aiutarti".

Ciò detto, Rosie scomparve in una pioggia di luccicanti scintillii.

Il giorno dopo sono tornata al parco giochi per incontrare la mia nuova amica Sofia. Una volta lì, ho visto Sofia giocare a calcio con un gruppo di bambini. Adoro il calcio, ma giocare con un gruppo di bambini che non conosco mi faceva paura. Volevo tanto giocare, ma c'erano troppi bambini nuovi. Così, mi sono sentita nervosa e timida.

Le mie mani hanno iniziato a tremare e le guance mi stavano diventando più calde del sole. Proprio mentre stavo per tornare a casa, ho sentito un colpetto sulla spalla.

"Ciao, Olivia. Tutto bene?", ha chiesto Rosie. "Pare che tu sia spaventata e nervosa all'idea di giocare a calcio con tanti nuovi bambini. Va bene avere paura. Ricorda, puoi presentarti e dire: 'Posso giocare anch'io?'. Perché non ci provi?".

Ho chiuso gli occhi immaginando la bolla del coraggio. Ho contato fino a tre e poi ho aperto gli occhi. Sono andata da Sofia e dai suoi amici e ho detto: "Ciao, mi chiamo Olivia. Posso giocare anch'io?".

"Ciao, Olivia!", hanno risposto all'unisono i bambini. "Certo, ci farebbe comodo un giocatore in più". Mi hanno permesso di unirmi a loro e, per mia fortuna, sono finita nella stessa squadra di Sofia!

"Olivia", ha detto Sofia correndo verso di me. "Sono davvero felice che tu sia venuta a giocare a calcio con me e i miei amici. Dai! Andiamo a divertirci!".

Ci siamo divertiti tantissimo giocando a calcio insieme. Abbiamo anche segnato due gol!

"Ottimo lavoro, Olivia", ha detto Rosie. "Ricorda: va bene sentirsi timidi e nervosi. In questi casi, usa semplicemente le tue parole e presentati, oppure chiedi se puoi giocare anche tu. Se dovessi ancora avere bisogno di me, pensami e verrò ad aiutarti".

Ciò detto, Rosie scomparve in una pioggia di luccicanti scintillii.

Qualche giorno dopo, a ricreazione a scuola, ho visto un ragazzo seduto da solo a leggere un libro sulle bandiere. Volevo dirgli che anche a me piacciono le bandiere! Ma avevo paura. E se non avesse voluto parlarmi? Poi mi sono ricordata di quello che mi aveva insegnato Rosie.

Ho chiuso gli occhi immaginando di entrare di nuovo nella bolla del coraggio. Ho contato fino a tre e ho aperto gli occhi. Mi sono avvicinata al ragazzo col cuore che mi batteva come un tamburo.

"Ciao, mi chiamo Olivia. Posso sedermi accanto a te?", ho chiesto.

Ha alzato lo sguardo, sorpreso, ma poi ha sorriso. "Certo", ha detto. "Mi chiamo Jaylen".

"Mi piace disegnare bandiere. È la cosa che preferisco fare", ho detto.

"Davvero? Mi piace leggere di bandiere. È la cosa che preferisco fare!", ha risposto Jaylen.

Abbiamo mangiato insieme e parlato della nostra passione comune per le bandiere. A lui piace sapere cose nuove sulle bandiere e a me piace disegnarle. È diventato il mio nuovo amico a scuola.

Mentre tornavo in classe con i miei disegni di bandiere, è apparsa Rosie in un'esplosione di luccicanti scintillii.

"Ottimo lavoro, Olivia. Sono tanto orgogliosa di te! Ti sei fatta un nuovo amico da sola. Non hai avuto bisogno del mio aiuto. Ti sei ricordata di chiudere gli occhi, hai immaginato di essere in una bolla di coraggio, hai contato fino a tre e hai aperto gli occhi. Ti sei anche ricordata di presentarti e di chiedere il suo nome".

Ho sorriso a Rosie. Mi era stata d'aiuto nel farmi sentire coraggiosa e fiduciosa e adesso ho due nuovi amici.

Rosie mi ha mandato un bacio prima di scomparire di nuovo tra luccicanti scintillii, ma sapevo che l'avrei rivista.

Col passare dei giorni, e grazie all'aiuto di Rosie, ho iniziato a farmi nuovi amici. Ho imparato che va bene avere paura, ma che è importante anche essere coraggiosi. Rosie mi ha aiutato a trovare la forza e il coraggio di cui avevo bisogno.

Adesso, quando vedo gli altri bambini giocare, non mi spavento. So che posso avvicinarmi, presentarmi e chiedere i loro nomi. Posso invitare nuovi amici a giocare con me o chiedere se posso unirmi a loro.

Ho imparato che fare amicizia a volte può impaurire, ma sono coraggiosa e posso fare qualsiasi cosa!

Sono sempre Olivia, che ama i gatti, che conta i numeri, l'artista delle bandiere. Ma ora sono anche Olivia, capace di fare amicizia!

Osserva il tuo bambino sbocciare con la nostra serie di libri che includono i Bloom Buddies

Per ulteriori storie, prodotti Bloom Buddies e risorse per gli assistenti, visita il nostro sito web

www.mydailybloom.com

Cerca le tue

PRIVACY.FLOWCODE.COM

pagine da colorare gratuite

Informazioni sull'autore

Grace Ledden, LM, analista del comportamento abilitata, è specializzata nella creazione di supporto e trattamenti personalizzati per i bambini piccoli con diagnosi di autismo e per le loro famiglie. Grace ha conseguito una laurea magistrale in Analisi comportamentale applicata con particolare attenzione all'autismo. Il suo obiettivo è creare supporti e strumenti visivi che aiutino i bambini piccoli e le loro famiglie a orientarsi nel mondo e a condurre una vita più piena di significato. Grace si impegna a contribuire alla creazione di un mondo più inclusivo, che accetti e comprenda la neurodiversità.

Grazie per aver scelto di condividere con tuo figlio "Guardami sbocciare quando faccio nuove amicizie".

La mia speranza per questa serie era di offrire ai nostri giovani lettori uno specchio in grado di rifletterne esperienze e sentimenti, offrendo loro al tempo stesso strategie e tecniche concrete. Comprendendo, gestendo ed esprimendo i propri sentimenti, si possono costruire le basi della resilienza emotiva e dell'autoconsapevolezza.

Questa storia è stata ispirata dal coraggio silenzioso che ho visto in molti bambini, specialmente in quelli con autismo. Le apparizioni magiche di Rosie durante i momenti di dubbio di Olivia permettono a Olivia non solo di trovare il coraggio per connettersi con chi la circonda, ma anche di entrare nella bolla di coraggio per fare nuove amicizie.

Proprio come i fiori sbocciano con cura e sole, i bambini prosperano grazie alla comprensione e all'amicizia. Proviamo insieme ad aiutare ogni bambino a coltivare un giardino pieno di connessioni significative.

-Grace Ledden

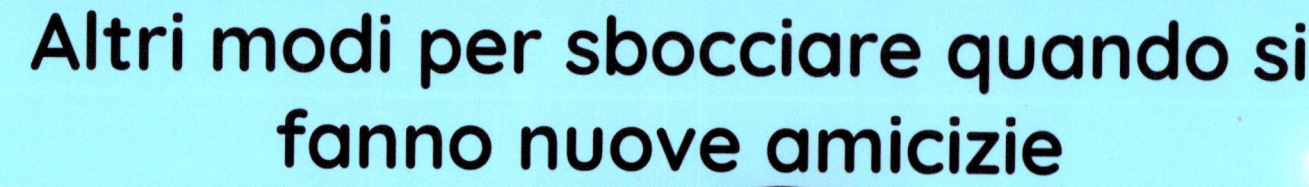

Altri modi per sbocciare quando si fanno nuove amicizie